RÉQUIEM POR UN CAMPESINO ESPAÑOL

GRAFISK FORLAG *Copenhague*

GYLDENDAL NORSK FORLAG *Oslo*

EMC CORP. *St. Paul Minnesota E.E.U.U.*

ERNST KLETT VERLAG *Stuttgart*

ESSELTE STUDIUM *Estocolmo*

EDIZIONI SCOLASTICHE MONDADORI *Milán*

BORDAS EDITEUR *París*

JOHN MURRAY *Londres*

TAMMI *Helsinki*

ASAHI SHUPPANSHA *Tokio*

WOLTERS/NOORDHOFF *Groninga*

EDITORIAL MAGISTERIO ESPAÑOL, S.A. *Madrid*

GRAFICA EDITÔRA PRIMOR *Río de Janeiro*

RAMÓN J. SENDER

# RÉQUIEM POR
# UN CAMPESINO ESPAÑOL

## EDICIÓN SIMPLIFICADA PARA
## USO ESCOLAR Y AUTOESTUDIO

Esta edición, cuyo vocabulario se ha elegido entre las palabras españolas más usadas (según CENTRALA ORDFÖRRÅDET I SPANSKAN de Gorosch, Pontoppidan-Sjövall), ha sido resumida y simplificada para satisfacer las necesidades de los estudiantes de español con unos conocimientos un tanto avanzados del idioma.

EDICIÓN A CARGO DE:
Berta Pallares *Dinamarca*

CONSULTORES:
Marianne Kristoffersson *Suecia*
Maxim Kerkhof *Holanda*

Cubierta: Ib Jørgensen
Ilustraciones: Oskar Jørgensen

© 1972 por GRAFISK FORLAG A/S
ISBN Dinamarca 87-429-7730-4

Impreso en Dinamarca por
Grafisk Institut A/S, Copenhague

## RAMÓN JOSÉ SENDER
### (n. 1902)

nació en Chalamera de Cinca (Huesca). Al final
de la guerra civil española (1936-1939), pasó a
Francia, luego a México y finalmente a Estados
Unidos donde vive desde 1948.

Es una de las figuras centrales de la novelística
española actual. Ha cultivado también el perio-
dismo, el ensayo, la poesía y el teatro.

Todas sus novelas, desde Imán (1930) hasta
las más recientes, muestran las extraordinarias
cualidades de Sender como escritor profundo y
vigoroso.

La obra de Sender es rica en imaginación, lo
que la hace muy original. Realidad y fantasía
mezcladas dan a sus trabajos un tono mágico. Hay
en todas sus novelas una honda emoción humana,
a la que no ahogan el humor negro, las escenas de
horror o la fina ironía, ni tampoco la preocupa-
ción estilística del autor.

El interés continuo por el hombre de carne y
hueso está siempre en sus escritos junto con un
marcado tono social.

El tema de España es una constante en su
obra, y dentro de él el de la guerra civil española.
Su permanencia en el exilio marca casi toda su
obra que, en líneas generales, refleja la ideología
del propio Sender.

### ALGUNAS OBRAS DE SENDER

*Crónica del alba. El rey y la reina. Los laureles de
Anselmo. Epitalamio del prieto Trinidad. En la vida
de Ignacio Morel.*

molino

## 1

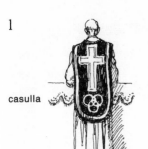

casulla

roquete

El cura esperaba sentado en un sillón con la cabeza inclinada sobre la *casulla* de los *oficios de réquiem*.

Iba y venía el *monaguillo* con su *roquete* blanco.

La *sacristía* tenía dos ventanas que estaban abiertas y daban a un huerto pequeño y tranquilo.

Llegaban de fuera ruidos humildes. Alguien barría con rapidez y se oía una voz que llamaba:

– María ... Marieta ...

Más lejos, hacia la plaza, *relinchaba* un *potro*. «Ese debe ser – pensó *Mosén* Millán – el potro de Paco el del *Molino*, que anda, como siempre, suelto por el pueblo». El cura pensaba que aquel potro, por las calles, era una referencia a Paco y al recuerdo de su desgracia.

El cura con las manos cruzadas sobre la casulla negra seguía rezando. Y su imaginación iba y venía por el

---

*oficio de réquiem*, misa y oraciones rogando a Dios por alguien que ha muerto. *Réquiem*, palabra latina, = descanso.

*monaguillo*, niño que ayuda a misa y a otros servicios de la iglesia.

*sacristía*, lugar de la iglesia en que se viste el cura para decir la misa.

*relinchar*, gritar el caballo.

*potro*, caballo joven desde que nace hasta que cambia los dientes.

*mosén*, tratamiento que, en algunas regiones de España, se pone delante del nombre de los curas.

pueblo. Esperaba que los parientes del muerto acudirían. También esperaba que fueran los amigos. Casi toda la *aldea* había sido amiga de Paco, menos las dos familias más ricas: las de don Valeriano y don Gumersindo. La tercera familia rica, la del señor Cástulo Pérez, no era ni amiga ni enemiga.

El monaguillo entraba, tomaba una campana que había en un rincón e iba a salir cuando Mosén Millán le preguntó:

– ¿Han venido los parientes?

– ¿Qué parientes? – preguntó a su vez el monaguillo.

– No seas tonto ¿No te acuerdas de Paco el del Molino?

– Ah, sí, señor. Pero no se ve a nadie en la iglesia todavía.

El chico salió pensando en Paco el del Molino. Lo vio morir, y después de su muerte la gente sacó un *romance*. «Lo ví – se decía – con los otros desde el coche del señor Cástulo».

El monaguillo iba de un lado para otro con el romance de Paco en los labios.

Mosén Millán era viejo. Rezaba entre dientes con la cabeza apoyada en aquel lugar del muro, donde a través del tiempo se había formado una marca oscura.

Entraba y salía el monaguillo recordando el romance:

Ahí va Paco el del Molino

. . .

y que llora por su vida
camino del *camposanto*.

---

*aldea*, pueblo de pocos vecinos.
*romance*, composición poética en la que se cuenta un suceso.
*camposanto*, cementerio, lugar donde se entierra a los muertos.

la trilla      ↑trillo

Eso de llorar no era verdad porque el monaguillo vio a Paco y éste no lloraba.

– ¿Hay gente en la iglesia? – preguntaba otra vez el cura.

– No, señor.

Mosén Millán se decía: es pronto. Además, los campesinos no han acabado los trabajos de la _trilla_. Pero la familia del muerto no podía faltar. Seguían sonando las campanas que en los _funerales_ eran lentas, _espaciadas_ y graves.

Recordaba Mosén Millán el día que _bautizó_ a Paco en aquella misma iglesia. La mañana del bautizo se presentó fría y _dorada_. Una de esas mañanitas en que las

---

_funeral_, oficio religioso que se hace por los muertos.

_espaciar_, poner distancia entre las cosas en el espacio o en el tiempo.

_bautizar_, entre los cristianos, poner nombre. El bautismo es un sacramento.

_dorado_, del color del oro.

mantillas

piedrecillas que habían puesto en la plaza durante el *Corpus crujían* de frío bajo los pies. Iba el niño en brazos de la *madrina* envuelto en ricas *mantillas* y en ropas de seda. Los campesinos guardan sus ropas buenas para esta clase de actos, para las fiestas religiosas. Cuando el bautizo entraba en la iglesia, las campanitas menores tocaban alegremente. Se podía saber si el que iban a bautizar era niño o niña. Si era niño, las campanitas – una en un tono más alto que la otra – decían: «no es niña, que es niño; no es niña, que es niño». Si era niña, cambiaban un poco y decían: «no es niño, que es niña; no es niño, que es niña».

Al llegar el bautizo, se oyeron en la plaza las voces de los niños como siempre. El *padrino* llevaba caramelos para tirárselos a los niños. Sabía que, de no hacerlo, los chicos recibirían al bautizo gritando frases contra el recién nacido, contra la madrina y contra él mismo. Se oían los golpecitos de los caramelos contra las puertas y las ventanas antes de caer al suelo. A veces caían sobre las cabezas de los mismos niños. En la torre las campanitas menores seguían tocando: «no es niña, que es niño; no es niña, que es niño» y los campesinos entraban en la iglesia donde les esperaba ya Mosén Millán *revestido*.

Recordaba el cura aquel acto entre centenares de otros porque había sido el bautizo de Paco el del Molino.

---

*Corpus*, fiesta muy solemne en la iglesia católica. *Corpus Christi*, Cuerpo de Cristo.

*crujir*, producir un ruido.

*madrina, padrino*, mujer y hombre que llevan y acompañan al niño para que lo bauticen.

*revestido*, vestido con las ropas propias para bautizar.

cuna

perdiz

Mosén Millán había sido invitado a comer con la familia. Recordaba Mosén Millán que en un extremo de la habitación estaba la *cuna* del niño y a su lado, la madre, de cabeza pequeña, con serenidad majestuosa. El padre atendía a los amigos. Uno de ellos se acercaba a la cuna, y preguntaba:

– ¿Es tu hijo?

– Hombre, no lo sé – dijo el padre riendo – al menos de mi mujer sí que lo es.

Mosén Millán, que estaba leyendo, alzó la cabeza:

– Vamos, no seas animal, ¿qué sacas con esas bromas?

Las mujeres reían también. Especialmente la Jerónima, la *partera* del pueblo. El padre del niño iba y venía y se detenía a veces para mirar al recién nacido: «¡Qué cosa es la vida! Hasta que nació este crío, yo era sólo el hijo de mi padre. Ahora soy, además, el padre de mi hijo».

– El mundo es redondo y *rueda* – dijo en voz alta. Estaba seguro Mosén Millán de que servirían *perdiz* en la comida. Cuando sintió su olor en el aire, se levantó, se acercó a la cuna. Miraba al niño sin dejar de rezar. El niño sonreía dormido.

Cuando llegaron los que faltaban, empezó la comida.

---

*partera*, mujer que asiste a la madre en el momento de nacer un niño.
*rodar*, dar vueltas.

Una de las cabeceras la ocupó el feliz padre. La abuela dijo al indicar al cura el lado contrario:

– Aquí el otro padre, Mosén Millán.

El cura dio la razón a la abuela: el chico había nacido dos veces, una al mundo y otra a la Iglesia. De este segundo nacimiento el padre era el cura.

Veintiséis años después Mosén Millán se acordaba de este momento. Miraba al monaguillo. Éste no sabía todo el romance de Paco y se quedaba en la puerta de la sacristía tratando de recordar:

... ya los llevan, ya los llevan
atados brazo con brazo.

El monaguillo tenía presente la escena, que fue sangrienta.

Volvía a recordar el cura la fiesta del bautizo mientras el monaguillo por decir algo repetía:

– No sé qué pasa que hoy no viene nadie a la iglesia, Mosén Millán.

Todos habían mirado al niño aquella mañana, sobre todo el padre, felices. Nada más misterioso que un recién nacido.

Mosén Millán recordaba que aquella familia no había sido nunca muy religiosa, pero que cumplía y conservaba la costumbre de hacer a la iglesia dos regalos cada año, uno de *lana* y otro de *trigo*, en agosto. Recordaba también que aquel día los campesinos hablaban de cosas referentes al trabajo y que él hablaba de las cosas más graves con expresiones campesinas. Decía que la Iglesia se alegraba tanto de aquel nacimiento como los mismos padres y

---

*lana*, pelo de la oveja.

repitió que el pequeño Paco era hijo espiritual suyo, y debía cuidar de su alma.

El monaguillo de Mosén Millán estaba a la puerta de la sacristía y sacaba la nariz de vez en cuando para *curiosear* por la iglesia y decir al cura:

– Todavía no ha venido nadie.

El *sacerdote* pensaba: no lo comprendo. Toda la aldea quería a Paco. Menos don Gumersindo, don Valeriano y tal vez el señor Cástulo Pérez. Pero de los sentimientos de este último nadie podía estar seguro.

trigo

---

*curiosear*, interesarse por averiguar lo que otros hacen.
*sacerdote*, cura católico que tiene como trabajo la cura de las almas.

# Preguntas

1. ¿Qué hacía Mosén Millán mientras esperaba?

2. ¿Qué hacía el monaguillo?

3. ¿Cómo fue el bautizo de Paco?

4. ¿Por qué recuerda Mosén Millán este bautizo?

5. ¿Qué hacen en el pueblo de Paco las gentes en un día de bautizo?

Mosén Millán cerró los ojos y esperó. Recordaba algunos detalles de la infancia de Paco. Quería al muchacho y el niño le quería a él también. Los chicos y los animales quieren a quien los quiere.

A los seis años se escapaba ya de casa. Entraba y salía por las cocinas de los vecinos. Tendría Paco algo más de seis años cuando fue por primera vez a la escuela. La casa del cura estaba cerca, y el chico iba algunas veces a verlo. El hecho de que fuera por voluntad propia conmovía al cura. Le daba al muchacho *estampas* de colores. Si al salir de casa del cura el chico se encontraba al zapatero, éste le decía:

– Ya veo que eres muy amigo de Mosén Millán.

– ¿Y usted no? – preguntaba el chico.

– ¡Oh! – decía el zapatero. – Los curas son la gente que se toma más trabajo en el mundo para no trabajar. Pero Mosén Millán es un santo.

El pequeño Paco iba haciendo sus descubrimientos en la vida. Tenía el padre de Paco un perro flaco. Los campesinos tratan a sus perros con crueldad, y es, sin duda, la razón por la que esos animales los adoran. A veces el perro acompañaba al chico a la escuela. Iba a su lado sin alegría, *protegiéndolo* con su sola presencia.

---

*estampa*, imagen impresa, generalmente de Dios, de Jesucristo, de la Virgen o de los santos.
*proteger*, defender.

Paco andaba muy ocupado tratando de convencer al perro de que el gato de la casa también tenía derecho a la vida. El perro no lo entendía así, y el pobre gato tuvo que escapar al campo. Los *búhos* perseguían a los gatos, los mataban y se los comían. Desde que supo eso, la noche era para Paco misteriosa y temible, pero el día pertenecía a los chicos, y Paco, a los siete años, era bastante inquieto.

búho    revólver

Era entonces ya una especie de monaguillo.

Entre los tesoros de los chicos de la aldea había un viejo *revólver* que nunca estaba más de una semana en las mismas manos. Cuando por alguna razón lo tenía Paco, no se separaba de él y mientras ayudaba a misa lo llevaba bajo el roquete. Una vez, al cambiar el libro de misa, cayó el arma con un ruido enorme. Los dos monaguillos se lanzaron sobre ella. Paco arrastró al otro, tomó su revólver, se lo guardó y respondió al sacerdote:

– «*Et cum spíritu tuo*».

Terminó la misa y Mosén Millán llamó a Paco y le pidió el revólver. Entonces ya Paco lo había escondido detrás del *altar* y Mosén Millán le preguntó:

– ¿Para qué quieres el revólver, Paco? ¿A quién quieres matar?

---

*et cum spíritu tuo*, y con tu espíritu.
*altar*, mesa consagrada sobre la que se celebra la misa.

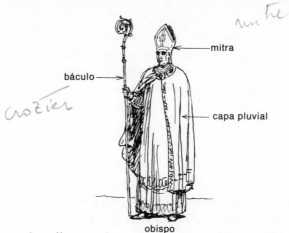

mitra

báculo

capa pluvial

obispo

– A nadie.

Añadió que lo llevaba para evitar que lo usaran otros chicos peores que él. Esto asombró al cura.

Mosén Millán se interesaba por Paco pensando que sus padres eran poco religiosos. Creía el cura que, *atrayendo* al hijo, atraería a la vez al resto de la familia. Tenía Paco siete años cuando llegó el *obispo* y *confirmó* a los chicos de la aldea. La figura del obispo, que era un hombre alto y ya con el cabello blanco a causa de la edad, impresionó a Paco. Con su *mitra*, su *capa pluvial* y el *báculo* dorado daba al niño una idea casi exacta de lo que debía ser Dios en los cielos. Después de la confirmación habló el obispo con Paco en la sacristía. El obispo le llamaba *galopín*. Nunca había oído Paco aquella palabra.

La conversación fue así:

– ¿Quién es este galopín?

---

*atraer*, traer hacia sí.
*confirmar*, dar el sacramento de la confirmación, afirmación de la fe recibida en el bautismo.
*galopín*, pícaro (afectuoso y familiar).

– Paco, para servir a Dios y a su *ilustrísima*.

El obispo muy amable seguía preguntándole:

– ¿Qué quieres ser tú en la vida? ¿Cura?

– No, señor.

– ¿General?

– No, señor. Quiero ser labrador como mi padre.

El obispo reía.

Aprovechando la alegría que había producido en la aldea la visita del señor obispo, Mosén Millán empezó a preparar a Paco y a otros chicos para la primera *comunión*.

Se sentía Paco seguro en la vida. Casi todos los vecinos y amigos de la familia le guardaban a Paco algún secreto: la noticia del revólver, un cristal roto en una ventana.

Un día habló el cura con Paco de cosas difíciles porque Mosén Millán le enseñaba a hacer examen de conciencia desde el primer *mandamiento* hasta el décimo. Al llegar al sexto, el cura dijo:

– Tú no tienes pecados de esa clase todavía.

Paco estuvo pensando y supuso que debía referirse a las relaciones entre hombres y mujeres.

Paco iba muchas veces a la iglesia, aunque sólo ayudaba a misa cuando eran necesarios dos monaguillos.

En la época de Semana Santa Paco descubrió grandes cosas. Durante aquellos días todo cambiaba en la iglesia. Las imágenes las tapaban con paños y una de las partes

---

*ilustrísima*, forma de tratamiento de respeto dado a los obispos.

*comunión*, entre los católicos acto de recibir el cuerpo y la sangre de Cristo. Es un sacramento.

*mandamiento*, cada una de las reglas de la ley de Dios o de la iglesia, lo mandado.

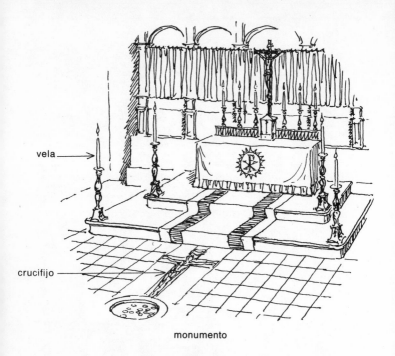

vela

crucifijo

monumento

de la iglesia se iba llenando de misterio. Era el *monumento*.
Se subía a él por una escalera ancha. Al pie de esa escalera estaba acostado un *crucifijo*. Los fieles se acercaban,
se ponían de rodillas y lo besaban. Al lado había un gran
plato con un poco de dinero. En las sombras de la iglesia
aquel lugar silencioso, con las escaleras llenas de *velas*
encendidas, daba a Paco una impresión de misterio.

Debajo del monumento, en un lugar que no se veía,
dos hombres tocaban en *flautas* una música muy triste
que se repetía hasta el infinito. Durante el Jueves y
Viernes Santo no sonaban las campanas de la torre.
En su lugar se oían las *matracas*. Encima de las campanas

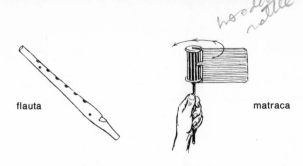

flauta                              matraca

había unas muy grandes que producían un ruido de huesos agitados. Los monaguillos tenían dos matracas pequeñas y las hacían sonar en la misa. Paco miraba y oía todo aquello asombrado.

Salía Paco de la Semana Santa como de una enfermedad. Los oficios habían sido extraordinarios y tenían nombres extraños: las «*tinieblas*», las «siete palabras», el «beso de Judas».

El Sábado de Gloria solía ser como la conquista de nuevo de la luz y la alegría.

Paco iba entonces a la casa del cura en grupo con otros chicos que se preparaban también para la primera comunión.

---

*tiniebla*, oscuridad, oficio religioso de Semana Santa.

## Preguntas

1. ¿Qué hacía Paco y cómo era cuando tenía seis o siete años?

2. ¿Es el cura amigo del zapatero?

3. ¿Por qué le impresiona a Paco el obispo y de qué hablan entre ellos?

4. ¿Cómo es el monumento? ¿Qué hay en él?

5. ¿Cómo era la Semana Santa para Paco?

6. ¿Cómo son los sentimientos de Paco en esta época de su vida?

7. ¿Qué le parece lo más importante de este capítulo?

3                                    cuevas

Un día, Mosén Millán pidió al monaguillo que le acom-
pañara a llevar la *extremaunción* a un enfermo grave que
vivía en las *cuevas*, fuera del pueblo.

Entraron por una abertura, bajando la cabeza. Había
dentro dos cuartos. Era casi de noche y en el cuarto
primero no había luz. En el segundo se veía sólo una
*lamparilla de aceite.* Una mujer muy vieja los recibió;
tenía los ojos secos y una expresión de fatiga.

---

*extremaunción*, sacramento que recibe el que está en peligro de muerte.
*lamparilla de aceite*, ver ilustración en página 26.

En un rincón había una cama miserable y en ella estaba el enfermo. El cura no dijo nada, la mujer tampoco.

El cura comenzó a rezar en latín. La mujer vieja escuchaba con la vista en el suelo.

Descubrió Mosén Millán los pies del enfermo. Eran grandes, secos. Pies de labrador. Después fue a la cabecera e hizo las *unciones* en los ojos, en la nariz, en los pies. Cuando terminó, el cura dijo a la mujer:

– Dios lo reciba en su seno.

La vieja mujer callaba, le temblaba a veces la barba. Paco seguía mirando alrededor. No había luz, ni agua, ni fuego.

lamparilla de aceite

No se veían por allí más muebles que una silla vieja apoyada en la pared. En el cuarto exterior, en un rincón había tres piedras y un poco de ceniza fría. Salieron y la mujer los acompañó hasta la puerta.

Era ya de noche y en lo alto se veían las estrellas. Paco preguntó:

– ¿Esa gente es pobre, Mosén Millán?

– Sí, hijo.

– ¿Muy pobre?

– Mucho.

– ¿La más pobre del pueblo?

– ¿Quién sabe?; pero hay cosas peores que la pobreza. Son desgraciados por otras razones.

---

*unción*, cada una de las cruces que hace el sacerdote con aceite sobre los ojos, oídos, nariz, manos y pies del enfermo; van acompañadas de oraciones.

cárcel

– ¿Por qué? – preguntó.

– Tienen un hijo que podría ayudarles, pero he oído decir que está en la *cárcel*.

– ¿Ha matado a alguno?

– Yo no sé, pero no me extrañaría.

Paco no podía estar callado. Recordando al enfermo el monaguillo dijo:

– Se está muriendo porque no puede respirar. Y ahora nos vamos y se queda allí solo.

Caminaban. Paco añadió:

– Bueno, con su mujer. *Menos mal*.

Mosén Millán dijo al chico que tenía buen corazón. El chico preguntó aún si no iba nadie a verlos porque eran pobres o porque tenían un hijo en la cárcel y Mosén Millán aseguró que el viejo moriría y subiría al cielo donde sería feliz. El chico miró las estrellas.

– Su hijo no debe ser muy malo, padre Millán.

– ¿Por qué?

– Si fuera malo, sus padres tendrían dinero. Robaría. El cura no quiso responder. Y seguían andando. Paco se sentía feliz cuando iba con el cura. Ser su amigo le

---

*menos mal*, felizmente.

daba autoridad. Siguieron andando sin volver a hablar, pero al llegar a la iglesia Paco repitió una vez más:

– ¿Por qué no va a verlo nadie, Mosén Millán?

– ¿Qué importa eso, Paco? El que se muere, rico o pobre, siempre está solo aunque vayan los demás a verlo. La vida es así y Dios que lo ha hecho sabe por qué.

Paco recordaba que el enfermo no decía nada. La mujer tampoco. Paco dijo que iba a avisar a los vecinos para que fueran a ver al enfermo y a ayudar a su mujer. Iría de parte de Mosén Millán. El cura le advirtió que lo mejor que podía hacer era irse a su casa. Cuando Dios permite la pobreza y el dolor – dijo – es por algo.

– ¿Qué puedes hacer tú? – añadió. Esas cuevas que has visto son miserables, pero las hay peores en otros pueblos.

Medio convencido, Paco se fue a su casa, pero durante la *cena* habló del viejo y dijo que en su cueva no tenía ni siquiera *leña* para hacer fuego. Los padres callaban. La madre iba y venía. Paco decía que el pobre hombre que se moría estaba acostado sobre una cama miserable. El padre dejó de cortar el pan y lo miró.

– Es la última vez – dijo – que vas con Mosén Millán a dar la unción a nadie.

Paco dijo que el enfermo tenía un hijo en la cárcel, pero que no era culpa del padre.

– Ni del hijo tampoco.

Paco esperaba que el padre dijera algo más, pero habló de otras cosas.

Como en todas las aldeas, había un lugar un poco

---

*cena*, comida que, en España, se toma por la noche.
*leña*, pedazos de madera que se usan para encender fuego.

el carasol

lejos de las casas que los campesinos llamaban el *carasol*.
Era caliente en invierno y fresco en verano. Allí iban las
mujeres más pobres – generalmente ya viejas – y hablaban
de lo que sucedía en el mundo. Durante el invierno siempre
había allí mujeres. La Jerónima, a veces, cuando el carasol
estaba aburrido, se ponía a bailar al son de las campanas
de la iglesia. En el carasol creían todo lo que la Jerónima
decía.

---

*carasol*, solana, lugar donde el sol da la mayor parte del día.

# Preguntas

1. ¿Cómo viven los viejos de las cuevas y por qué viven así?

2. ¿Qué sentimientos experimenta Paco ante lo que ve en las cuevas?

3. ¿Qué posición tiene Mosén Millán durante su conversación con Paco a la vuelta de las cuevas?

4. ¿Conoce Mosén Millán las causas de la pobreza de aquella gente?

5. ¿Por qué el padre de Paco le prohibe a éste volver con Mosén Millán a dar la extremaunción?

6. ¿Qué es el carasol?

Veintitrés años después Mosén Millán, recordando aquellas cosas y esperando el momento de comenzar la misa, pensaba que aquella visita de Paco a la cueva influyó mucho en todo lo que había de sucederle después. «Y vino conmigo. Yo lo llevé». El monaguillo entraba en la sacristía y decía:

– Aún no ha venido nadie, Mosén Millán.

Lo repitió porque, con los ojos cerrados, el cura parecía no oirle. Y el monaguillo decía para sí otras partes del romance que iba recordando:

> ... Lo buscaban en los montes,
> pero no lo han encontrado
> a su casa iban con perros ...

Se oían aún las campanas. Mosén Millán volvía a recordar a Paco. «Parece que era ayer cuando tomó la primera comunión». Poco después el chico, en tres o cuatro años, se hizo casi tan grande como su padre. La gente, que hasta entonces lo llamaba Paquito, comenzó a llamarlo Paco el del Molino. El *bisabuelo* de Paco había tenido un molino.

Poco a poco se fue alejando el muchacho de Mosén Millán. Casi nunca lo encontraba en la calle, y no tenía tiempo para ir a verlo. Los domingos iba a misa; en verano faltaba alguna vez.

---

*bisabuelo*, padre del abuelo.

Aunque muy joven todavía, el chico imitaba las maneras de los mayores. No sólo iba sin cuidado al *lavadero* y escuchaba lo que hablaban las mozas entre ellas, sino que a veces le decían cosas a las que él respondía bravamente. El lugar donde iban a lavar las mozas se llamaba la plaza del agua, y era, en efecto, una gran plaza ocupada en sus dos terceras partes por un *estanque* bastante profundo. En las tardes calientes de verano algunos mozos iban a bañarse allí y lo hacían completamente desnudos. Las *lavanderas* parecían asustarse, pero sólo de labios afuera. Sus gritos, sus risas y las frases que cambiaban con los mozos mostraban una gran alegría natural y sana.

Paco el del Molino fue una tarde allí a bañarse y durante más de dos horas estuvo allí a gusto entre las bromas de las lavanderas. Las mozas le decían muchas cosas y aquella tarde fue para Paco como la entrada en el grupo de los mozos.

Después de aquello, sus padres lo dejaban salir de noche y volver cuando ya estaban acostados.

A veces Paco hablaba con su padre sobre asuntos de la hacienda familiar. Un día tuvieron una conversación sobre una materia importante: pagaban cada año una suma regular a un viejo *duque*. Le pagaban esta suma como renta por unos *pastos*. El duque nunca había estado en la aldea. Paco creía que aquello no era justo.

---

*lavadero*, lugar donde se lava.
*estanque*, ver ilustración en página 34.
*lavandera*, mujer que lava.
*duque*, título de la nobleza más alta.
*pasto*, lugar en que los animales comen la hierba que allí se cría.

estanque

—Si es justo o no, pregúntaselo a Mosén Millán, que
es amigo de don Valeriano, el *administrador* del duque.

---

*administrador*, persona que cuida los bienes de otro.

Paco se lo preguntó al cura y éste le dijo:

– ¿Qué te importa a ti eso, Paco?

Paco se atrevió a decirle – lo había oído a su padre –

que había gente en el pueblo que vivía peor que los animales y que se podía hacer algo para remediar aquella miseria.

– ¿Qué miseria? – dijo Mosén Millán –. Hay más miseria en otras partes que aquí.

El muchacho adquiría gravedad. A veces Mosén Millán se decía: «Parece que fue ayer cuando lo bauticé».

Pensaba el cura con tristeza que cuando los chicos crecían, se alejaban de la Iglesia, pero volvían a acercarse a ella al llegar a viejos por la amenaza de la muerte. En el caso de Paco la muerte llegó mucho antes que la vejez y Mosén Millán lo recordaba en la sacristía mientras esperaba el momento de comenzar la misa. El monaguillo dijo de pronto:

– Mosén Millán, acaba de entrar en la iglesia don Valeriano.

El cura seguía con los ojos cerrados. El monaguillo recordaba aún el romance:

. . . en la Pardina del monte
allí encontraron a Paco;
*date*, date a la justicia,
o aquí mismo te matamos.

Pero don Valeriano se asomaba ya a la sacristía. «Con permiso», dijo. Vestía como los señores de la ciudad. Tenía don Valeriano la frente estrecha y los ojos *huidizos*. Al ver que Mosén Millán seguía con los ojos cerrados se sentó y dijo:

– Mosén Millán, el último domingo dijo usted en el

---

*darse*, rendirse, entregarse.
*huidizo*, aquí: ojos que no miran con franqueza.

*púlpito* que había que olvidar. Olvidar no es fácil, pero aquí estoy el primero.

El cura afirmó con la cabeza sin abrir los ojos. Don Valeriano añadió:

– Yo la pago, la misa. Dígame lo que vale.

Negó el cura con la cabeza y siguió con los ojos cerrados. Recordaba que don Valeriano fue uno de los que más influyeron en el desgraciado fin de Paco. Era administrador del duque y, además, tenía tierras propias. Don Valeriano contento de sí mismo, como siempre, volvió a hablar:

– Ya digo, olvidar lo pasado, en eso soy como mi padre.

Mosén Millán oía en su recuerdo la voz de Paco. Pensaba en el día que se casó. Paco hizo las cosas bien. En primer lugar, la familia de Paco estaba intranquila por las *quintas*. Era probable que, si le tocaba un número bajo, tuviera que ir al servicio militar.

La madre de Paco habló con el cura, y éste le aconsejó pedir el favor a Dios y merecerlo con actos buenos. La madre le dijo a Paco que al llegar la Semana Santa fuera

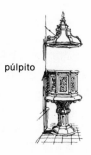

púlpito

---

*quinta*, llamada anual de los soldados que han de ir al ejército para cumplir el servicio militar.

procesión

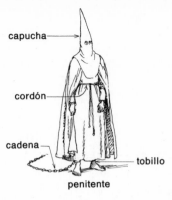

capucha — 

cordón — 

cadena —

— tobillo

penitente

en la *procesión* del viernes con un *hábito* de *penitente*, como hacían otros, arrastrando con los pies descalzos dos *cadenas* atadas a los *tobillos*. Paco le dijo a su madre que no lo haría. Había visto en años anteriores a aquellos penitentes. Las cadenas que llevaban atadas a los pies tenían, al menos, seis metros de largas y sonaban sobre las losas o sobre la tierra dura de un modo terrible. Algunos llevaban la cara descubierta por orden del cura para que todos los vieran. Pagaban así Dios sabe qué pecados. Otros iban simplemente a pedir algo a Dios y se cubrían el rostro.

Cuando la procesión volvía a la iglesia, al oscurecer, los tobillos de los penitentes estaban llenos de sangre. Las canciones de las mujeres sobre aquel ruido de cadenas producían un raro sentimiento. Cuando los penitentes entraban en la iglesia, el ruido de las cadenas resonaba aún más. Mientras tanto, en la torre tocaban las matracas.

Paco recordaba que los penitentes viejos llevaban siempre la cara descubierta. Las mujeres, al verlos pasar, decían en voz baja cosas *tremendas*.

---

*hábito*, traje del penitente.
*tremendo*, terrible.

– Mira – decía la Jerónima –. Ahí va Juan el de la calle de Santa Ana, el que robó a la viuda del sastre.

El penitente arrastraba sus cadenas. Otras mujeres se llevaban la mano a la boca y decían:

– Ese es Juan, el que *envenenó* a su madre.

El padre de Paco, tan poco preocupado por las cosas de religión, había decidido atarse las cadenas a los tobillos. Se cubrió con el hábito negro y la *capucha* y se puso el *cordón* blanco a la cintura.

Mosén Millán no podía comprender y dijo a Paco:

– Lo de tu padre no tiene mérito porque lo hace por no tener que pagar un *mayoral* en el caso de que tú tengas que ir al servicio.

Paco repitió aquellas palabras a su padre y éste, que todavía se curaba las heridas de los tobillos, exclamó:

– Veo que a Mosén Millán le gusta hablar demasiado.

Por una razón u otra Paco sacó un número alto y la familia se llenó de alegría que procuraba ocultar para no hacer daño a las familias de los que habían sacado un número bajo.

---

*envenenar*, matar con veneno; *veneno*, cualquier materia que, introducida en el cuerpo, causa la muerte.
*capucha*, *cordón*, ver ilustración en página 39.
*mayoral*, principal, jefe de una fiesta o de los trabajadores.

# Preguntas

1. ¿Por qué Paco se va alejando de Mosén Millán?

2. ¿Cómo era el ambiente que se formaba en el lavadero?

3. ¿Qué problemas le preocupaban a Paco en esta época
de su vida?

4. ¿Qué dice el romance de Paco?

5. ¿Cómo es don Valeriano? ¿Cómo es su carácter?

6. ¿Por qué no quiere Mosén Millán que don Valeriano
pague la misa?

7. ¿Por qué Paco se niega a ir en la procesión como
penitente?

8. ¿Por qué motivos iban los hombres como penitentes?

9. ¿Qué piensa de esta costumbre?

# 5

Lo mejor de la novia de Paco era su *diligencia* y su *laboriosidad*. Día tras día, al ir al campo, había pasado Paco durante dos años frente a la casa de la chica. A veces Paco veía a la muchacha, la saludaba al pasar y ella respondía. El saludo fue haciéndose un poco más expresivo. Luego cambiaron palabras sobre cosas del campo. Algún día, con el temor de no hallarla en la puerta o en la ventana, antes de llegar, Paco se hacía presente dando voces a las *mulas* y, si aquello no bastaba, cantando. Hacia la mitad del segundo año, ella – que se llamaba Águeda – lo miraba ya de frente y le sonreía. Cuando iba al baile iba con su madre y sólo bailaba con Paco.

Por fin, Águeda y Paco se dieron palabra de matrimonio. Como todos los novios, *rondó* la calle por la noche, y por San Juan llenó de flores y ramos verdes las ventanas y la puerta de la casa de la novia.

Una noche el *alcalde* prohibió la ronda al saber que había tres grupos diferentes y enemigos y que podrían producirse violencias. A pesar de la orden del alcalde, Paco salió con sus amigos y la *guardia civil* lo detuvo por

---

*diligencia*, cuidado y esfuerzo por hacer las cosas pronto y bien.
*laboriosidad*, afición al trabajo.
*mula*, animal hijo de caballo y asna.
*rondar*, pasear los mozos, por la noche, para cantar y tocar por las calles donde viven sus novias o las jóvenes a las que aman.
*alcalde*, primera autoridad del pueblo.
*guardia civil*, en España, cuerpo de orden público.

carabina

no cumplir la orden. Lo llevaban a dormir a la cárcel, pero Paco le quitó las *carabinas* a los guardias y se las llevó a casa. Al día siguiente todo el pueblo sabía lo ocurrido. Mosén Millán fue a ver al mozo y le dijo que el hecho era grave, y no sólo para él, sino para todo el pueblo.

– ¿Por qué? – preguntaba Paco. A mí no me importa estar sin guardia civil.

– No seas tonto.

– Digo la verdad, Mosén Millán.

– ¿Pero tú crees que sin la guardia civil se podría dominar a la gente? Hay mucha maldad en este mundo.

– No lo creo.

– ¿Y la gente de las cuevas?

– En lugar de traer guardia civil, se podían quitar las cuevas, Mosén Millán.

– *Iluso*, eres un iluso.

Aquello dio a Paco fama de mozo atrevido. A Águeda le gustaba, pero tenía miedo.

La boda de Águeda y Paco fue como todos esperaban. Gran comida, música y baile. Cuando los casó, Mosén Millán recordó a Paco que lo había bautizado y confirmado y dado la primera comunión. Les recordaba también que la Iglesia era la madre común y la fuente no sólo de vida en la tierra, sino de la vida eterna.

Mosén Millán dijo otras muchas cosas, y la última fue la siguiente: «Este humilde representante del Señor

---

*iluso*, soñador.

43

guitarra

pandereta

ha bendecido el *lecho* en el que nacisteis, bendice en este momento vuestro lecho de bodas – hizo en el aire la señal de la Cruz – y bendecirá vuestro lecho mortal, si Dios lo dispone así».

Eso del lecho mortal no le pareció a Paco propio del momento. Recordó un instante a aquel pobre hombre que se moría en las cuevas y a quien llevó la unción siendo niño. Pero el día no era para tristezas.

Terminada la misa salieron. A la puerta les esperaban más de quince músicos con *guitarras* y *panderetas* que comenzaron a tocar.

Una mozuela decía viendo pasar la boda:

– ¡Todas se casan, y yo, mira!

Los invitados fueron a la casa del novio. Mosén Millán, entre tanto, se quitó la ropa de celebrar la misa, en la sacristía, para ir cuanto antes a tomar parte en la fiesta. Cerca de la casa del novio encontró al zapatero, vestido de fiesta, y Mosén Millán le preguntó si había estado en la casa de Dios.

– Mire, Mosén Millán. Si aquello es la casa de Dios, yo no merezco estar allí, y si no lo es, ¿para qué?

---

*lecho*, cama.

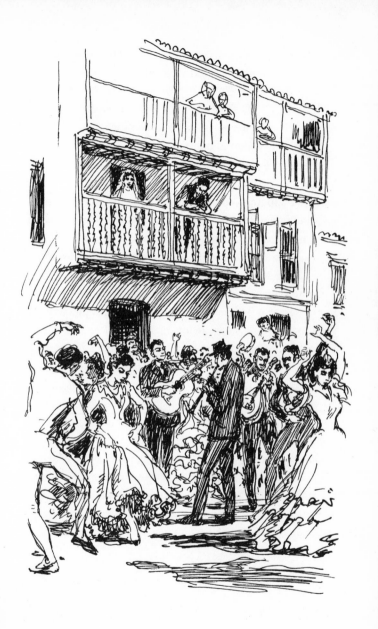

El zapatero encontró todavía antes de separarse del cura un momento para decirle algo de veras extraño. Le dijo que sabía de cierto que en Madrid el *rey* iba a caer y que, si caía, muchas cosas iban a caer con él. Como el zapatero olía a vino, el cura no lo creyó.

Podía haber algo de verdad, pero el zapatero hablaba fácilmente. Sólo había una persona que le pudiera igualar en esto: la Jerónima.

Era el zapatero como un viejo gato, ni amigo ni enemigo de nadie, aunque con todos hablaba. Mosén Millán recordaba que el periódico de la capital de la provincia mostraba su *alarma* ante lo que sucedía en Madrid. Y no sabía qué pensar.

Comenzaron a servir vino. En la sala de al lado estaban las mesas. En la cocina la Jerónima, aunque era ya vieja, hacía reír a la gente joven.

Entraba en la casa el señor Cástulo Pérez. Su presencia extrañó a todos porque no le esperaban. Llegaba con un regalo para los novios y se lo dio a la madre de la novia. Al ver al cura se le acercó:

– Mosén Millán, parece que en Madrid las cosas no andan bien.

Del zapatero se podía dudar, pero si lo decía el señor Cástulo, no. Con sus apariencias simples, el señor Cástulo era un carácter fuerte. Esto se veía en sus ojos fríos.

Todos estaban de pie menos el cura. Cerca, los novios recibían los saludos de los que llegaban.

---

*rey*, Alfonso XIII (1886-1941). Salió de España después del triunfo de la «República», forma de gobierno de España desde 1931 hasta 1939.
*alarma*, temor.

De pronto alguien cantó:

> Viva Paco el del Molino
> y Águeda la del buen *garbo*,
> que ayer eran sólo novios,
> y ahora son ya *desposados*.

Después pasaron al comedor. En la presidencia se instalaron los novios, los *padrinos*, Mosén Millán, el señor Cástulo y algunos otros labradores ricos. El cura hablaba de la niñez de Paco y de su deseo de obligar a todo el pueblo a visitar a los pobres de las cuevas y a ayudarles. Hablando de esto vió a Paco serio, y el cura cambió de tema.

La noticia de la boda llegó al carasol, donde las viejas bebieron a la salud de los novios, el vino que llevaron la Jerónima y el zapatero.

Este se mostraba más alegre que otras veces y decía que los curas son las únicas personas a quienes todo el mundo llama padre, menos sus hijos que los llaman tíos.

Las viejas hablaban y se referían a los recién casados:

– Frías están ya las noches.

– Buenas para dormir con compañía.

El zapatero, que tenía deseos de hacer reír a las mujeres, le dijo a la Jerónima, que era la que más hablaba:

– Cállate, vieja del diablo, *bruja*, cállate, que te traigo una buena noticia:

---

*garbo*, belleza en el movimiento del cuerpo.
*desposados*, casados.
*padrinos*, el padrino y la madrina, acompañan a los novios en el momento de casarse.
*bruja*, ver ilustración en página 48.

bruja

escoba

botas de campo

– El rey se va.

– ¿Y a mí qué?

– Que la República no castiga a las brujas.

La Jerónima decía de sí misma que volaba en una *escoba*, pero no permitía que se lo dijeran los demás. Iba a responder, pero el zapatero no la dejó, pues hablaba de nuevo diciéndole mil cosas que hacían morir de risa a las mujeres. La Jerónima se fue y las mujeres siguieron hablando de los novios.

Siete años después, Mosén Millán recordaba la boda sentado en el viejo sillón de la sacristía. No abría los ojos para evitarse la molestia de hablar con don Valeriano, el alcalde. Siempre le había sido difícil entenderse con él porque aquel hombre no escuchaba jamás.

Se oían en la iglesia las *botas de campo* de don Gumersindo. No había en la aldea otras botas como aquellas, y Mosén Millán supo que era él mucho antes de llegar a la sacristía.

Iba vestido de negro, y, al ver al cura con los ojos cerrados, habló en voz baja para saludar a don Valeriano. Entonces Mosén Millán abrió los ojos.

– ¿Ha venido alguien más? – preguntó.

– No, señor – dijo don Gumersindo –. No he visto un alma en la iglesia.

48

Mosen Millán parecía muy cansado y volvió a cerrar los ojos. En aquel momento entró el monaguillo y don Gumersindo le preguntó:

– Eh, muchacho. ¿Sabes por quién es hoy la misa?

El chico, en lugar de responder, cantó el romance:

Ya lo llevan cuesta arriba

camino del camposanto ... *

Se hizo un silencio penoso. Mosén Millán abrió los ojos porque quería evitar que el monaguillo dijera la parte del romance en la que se hablaba de él: *

aquel que lo bautizara,

Mosén Millán el nombrado,

en confesión desde el coche

le escuchaba los pecados.

Don Gumersindo dijo de pronto:

– Mosén Millán. ¿Me oye, señor cura? Aquí hay dos *duros* para la misa de hoy.

El sacerdote dijo que lo mismo había ofrecido don Valeriano, pero que le gustaba decir la misa sin que nadie la pagara. Hubo un largo silencio.

Mosén Millán, con los ojos cerrados, recordaba aún el día de la boda de Paco.

Don Valeriano tenía entre los dedos su cadena. Al dejarla, los *dijes* sonaban. En uno tenía un *rizo* de pelo de su esposa muerta. En otro, una *reliquia* del santo *Padre Claret*. Esta reliquia había sido de su bisabuelo.

---

*duro*, moneda que hasta 1936 era de plata; valía cinco pesetas.
*dije*, *rizo*, ver ilustración en página 50.
*reliquia*, lo que por haber tocado un santo se respeta.
*Padre Claret* (1807-1870) confesor de la reina Isabel II (1830-1904), reina de España. Fue declarado santo en 1950.

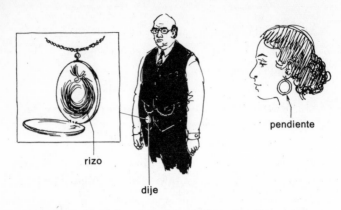

rizo

dije

pendiente

Hablaba en voz baja de los precios de la lana sin que nadie le contestara.

Mosén Millán, con los ojos cerrados, recordaba que el día de la boda de Paco, en el comedor, una señora había perdido un *pendiente* y dos hombres andaban por el suelo buscándolo. Mosén Millán pensaba que en las bodas siempre hay una señora que pierde un pendiente y no lo encuentra.

La novia, perdida la *palidez* de la primera hora de la mañana, había recobrado sus colores.

*A menudo* consultaba el novio la hora. Y a media tarde se fueron a la estación conducidos por el señor Cástulo.

La mayor parte de los invitados habían salido a la calle a despedir a los novios con bromas. Muchos desde allí volvieron a sus casas. Los más jóvenes fueron al baile.

---

*palidez*, cualidad o estado de pálido.
*a menudo*, con frecuencia.

50

# Preguntas

1. ¿Cómo es la novia de Paco?

2. ¿Por qué rondaba Paco la calle de su novia?

3. ¿Por qué prohibió el alcalde la ronda?

4. ¿Qué le hizo Paco a los guardias?

5. ¿Cuál es la opinión de Paco y cuál la de Mosén Millán sobre la guardia civil?

6. ¿Cómo fue la boda de Águeda y Paco?

7. ¿Cómo es un día de boda en un pueblo como el de Paco?

8. ¿Cómo es el zapatero? ¿Qué carácter tiene?

9. ¿Por qué parece cansado Mosén Millán?

10. ¿Qué cosas recuerda Mosén Millán de la boda de Paco?

Tres semanas después de la boda volvieron Paco y su mujer y el domingo siguiente se celebraron elecciones. Los nuevos *concejales*, entre los que estaba el padre de Paco, eran jóvenes y, según don Valeriano, gente *baja*. Los elegidos se consideraban contrarios al duque. Al saber esto, Paco el del Molino se sintió feliz, y creyó por vez primera que la política valía para algo. «Vamos a quitarle la *hierba* al duque», repetía.

El resultado de la elección dejó a todos un poco extrañados. El cura estaba asombrado. Ni uno solo de los concejales era hombre de costumbres religiosas. El cura llamó a Paco y le preguntó:

– ¿Qué es eso que me han dicho de los *montes* del duque?

– Nada – dijo Paco –. La verdad. Vienen tiempos nuevos, Mosén Millán.

– ¿Qué novedades son esas?

– Pues que el rey se va y yo digo: buen viaje.

Pensaba Paco que el cura le hablaba a él porque no se atrevía a hablarle de aquello a su padre. Añadió:

– Diga la verdad, Mosén Millán. Desde aquel día que fuimos a la cueva a llevar la unción, sabe usted que yo

---

*concejal*, autoridad que, con el alcalde, gobierna el pueblo.
*baja*, humilde, del pueblo.
*hierba*, toda planta pequeña y tierna; ver *pasto* página 33.
*monte*, aquí: pasto.

y otros pensamos mucho para remediar esa vergüenza. Y más ahora que se ha presentado la ocasión.

– ¿Qué ocasión? Eso se hace con dinero. ¿De dónde vais a sacarlo?

– Del duque.

– Cállate, Paco. Yo no digo que el duque tenga siempre razón, pero hay que andar en estas cosas con cuidado y no inquietar a la gente.

Se supo de pronto que el rey había huido de España. La noticia fue terrible para don Valeriano y para el cura. Don Gumersindo no quería creerla. Mosén Millán estuvo dos semanas sin salir de casa *yendo* a la iglesia por la puerta del huerto.

Entre tanto, la *bandera tricolor* se movía en el aire encima de la puerta de la escuela.

Hubo que repetir la elección en la aldea porque, según don Valeriano, la primera no se hizo bien. En la segunda elección el padre de Paco cedió el puesto a su hijo. El muchacho fue elegido.

Por consejo de Paco las cinco aldeas acordaron no pagar las rentas al duque mientras los *tribunales* decidían. Cuando Paco fue a decírselo a don Valeriano, éste le dijo

bandera

---

*yendo*, gerundio del verbo *ir*.

*tricolor*, de tres colores. Se refiere a la de la República española, cuyos colores son: rojo, amarillo y morado.

*tribunal*, grupo de jueces que se reunen para hacer justicia. Se usa en plural con la significación de «justicia».

53

que se lo comunicara por escrito. La noticia corrió por el pueblo. En el carasol se decían muchas cosas. Querían en el carasol a la familia de Paco y a otras parecidas cuyos hombres, aunque tenían tierras, trabajaban desde el amanecer hasta la noche.

No se sabía exactamente lo que pensaban hacer los concejales «en favor de los que vivían en las cuevas», pero la imaginación de todos trabajaba y las esperanzas de la gente humilde crecían. Paco había tomado muy en serio el problema. Envió a don Valeriano el acuerdo de los concejales y éste se lo mandó a su amo. La respuesta telegráfica del duque fue la siguiente: «Doy orden a mis guardas de que *disparen* sobre cualquier animal o persona que entre en mis montes. El alcalde debe hacerlo saber para evitar la pérdida de bienes o de vidas humanas».

Al leer la respuesta, Paco propuso al alcalde que los guardas fueran separados de su cargo y que les dieran un cargo mejor pagado. Estos guardas eran tres y aceptaron contentos. Así, los *ganados* del pueblo entraban en los montes del duque sin dificultad.

Don Valeriano, después de consultar varias veces con Mosén Millán, llamó a Paco, quien acudió a su casa. Era la de don Valeriano grande y sombría, con balcones. Don Valeriano se había propuesto ser razonable y lo invitó a *merendar*. Le habló del duque de una manera familiar. Por fin don Valeriano dijo:

---

*disparar*, hacer salir de un arma algo que mata o hiere.
*ganado*, animales de la misma o de distinta especie que se llevan juntos a pastar.
*merendar*, comer la *merienda*, comida que, en España, se hace por la tarde.

– Parece que el señor duque está dispuesto a hacer tratos con usted.

– ¿Sobre el monte? – Don Valeriano afirmó con el gesto –. No hay que hacer tratos, sino aceptar.

Volvió a preguntar Paco:

– ¿De qué manera va a hacer tratos el duque? No hay más que dejar los montes y no volver a pensar más en el asunto.

Paco murmuró:

– Habría que ver qué papeles tiene el duque sobre sus montes. ¡Si es que tiene alguno!

Don Valeriano dijo furioso:

– También en eso te equivocas. Son muchos siglos de costumbre y eso tiene fuerza. No se deshace en un día lo que se ha hecho en cuatrocientos años.

– Lo que hicieron los hombres, los hombres lo deshacen, creo yo.

– Sí, pero de hombres a hombres va algo.

Paco negaba con la cabeza.

– Sobre este asunto – dijo – dígale al duque que si tiene tantos derechos, puede venir a defenderlos él mismo.

– Paco, parece mentira. ¿Quién iba a pensar que un hombre con un par de mulas pudiera hablar así? Después de esto no me queda nada que ver en el mundo.

Terminada la reunión, cuyos términos comunicó don Valeriano al duque, éste volvió a enviar órdenes y el administrador no sabía qué hacer y acabó por marcharse del pueblo.

Mosén Millán movía la cabeza con lástima recordando todo aquello desde su sacristía. El monaguillo mirando al cura recordaba todavía el romance:

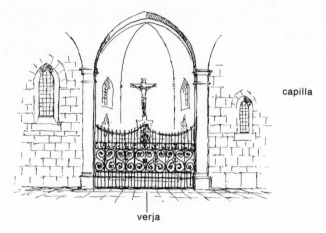

capilla

verja

Entre cuatro lo llevaban
adentro del camposanto,
madres, las que tenéis hijos,
Dios os los conserve sanos . . .

El romance hablaba luego de otros hombres que murieron también por entonces. Todos habían sido *asesinados* en aquellos mismos días.

Volvía el monaguillo a apoyarse en la puerta y como no podía estar quieto, frotaba una bota contra la otra. Mosén Millán recordaba.

En los últimos tiempos la fe religiosa de don Valeriano se había debilitado bastante. Solía decir que un Dios que permitía lo que estaba pasando, no merecía tantas consideraciones. El cura le oía cansado. Don Valeriano había regalado una *verja* de hierro para la *capilla* del Cristo y el duque había pagado los gastos por el arreglo

---

*asesinar*, matar a alguien haciéndole injusticia.
*capilla*, parte del interior de la iglesia con un altar.

del techo de la iglesia dos veces. Mosén Millán no conocía el vicio de la *ingratitud*.

En el carasol se hablaba y se decía que con el dinero de los pastos se hacían planes para mejorar la vida de la aldea. En el pueblo de al lado se estaba haciendo llegar el agua *potable* a la plaza. Pero Paco el del Molino tenía otro plan: su pueblo no necesitaba ya que llevaran el agua hasta la plaza.

En el carasol bendecían a Paco el del Molino. Paco pensaba en las cuevas, a cuyos habitantes imaginaba siempre muriendo sin luz, ni fuego, ni agua. Ni siquiera aire que respirar.

En los terrenos del duque había una *ermita* cuya fiesta se celebraba un día de verano con *romería*. Los campesinos hacían ese día regalos al cura y el alcalde pagaba la misa. Aquel año el alcalde no pagó la misa y los campesinos no hicieron regalos al cura. Mosén Millán llamó a Paco, quien le dijo que se debía a un acuerdo del *Ayuntamiento*.

– ¿El Ayuntamiento dices? ¿Y qué es el Ayuntamiento? preguntaba el cura fuera de sí.

A Paco le daba pena ver al cura tan fuera de sí y dijo que como aquellas tierras de la ermita habían sido del duque y la gente estaba contra él, se comprendía la *frialdad* del pueblo en la romería. Mosén Millán dijo en un momento de pasión:

---

*ingratitud*, falta de gratitud.
*potable*, que se puede beber.
*ermita*, iglesia pequeña situada en lugar no poblado.
*romería*, viaje que se hace a la ermita; suele ser una fiesta.
*Ayuntamiento*, casa de la villa, aquí: autoridades del pueblo.
*frialdad*, aquí: falta de interés.

57

cántaro

– ¿Y quién eres tú para decirle al duque que, si viene a los montes, no dará más de tres pasos porque le esperarás con la carabina de uno de los guardas? ¿No sabes que eso es una amenaza grave?

Paco no había dicho nada de aquello. Don Valeriano mentía. Pero el cura no quería oír las razones de Paco.

En aquellos días el zapatero estaba nervioso. En el carasol se burlaban de él, pero él decía:

– Si el *cántaro* da en la piedra o la piedra en el cántaro, mal para el cántaro.

Esas palabras misteriosas no aclaraban gran cosa la situación. El zapatero se había pasado la vida esperando aquello, y, al verlo llegar, no sabía qué pensar ni qué hacer.

Le ofrecieron un cargo para resolver el problema del reparto de las aguas.

– Gracias – dijo él –, pero yo practico el refrán de: *zapatero a tus zapatos*.

Poco a poco se fue acercando al cura.

Don Gumersindo se había marchado también a la capital de la provincia, lo que le molestaba bastante al cura.

Éste decía:

---

*zapatero a tus zapatos*, frase que se emplea para indicar que cada uno debe preocuparse de sus propias cosas y no de las ajenas.

– Todos se van, pero yo, aunque pudiera, no me iría.

A veces el cura parecía tratar de entender a Paco, pero de pronto comenzaba a hablar de la falta de respeto de la población. Sus discusiones con Paco siempre acababan en eso: en ofrecerse como víctima. Paco reía:

– Pero si nadie quiere matarle, Mosén Millán.

La risa de Paco desesperaba al cura.

## Preguntas

1. ¿Cuál es la opinión de Paco acerca del duque?

2. ¿Qué problema existe entre el duque y los campesinos?

3. ¿Por qué no quieren pagar las rentas al duque?

4. ¿Por qué la gente humilde tiene tanta esperanza en los nuevos concejales?

5. ¿Qué ideas tiene el duque sobre la propiedad?

6. ¿Qué ideas tienen los campesinos sobre la propiedad?

7. ¿Cuáles son los puntos esenciales de la conversación entre Paco y don Valeriano?

8. ¿Cómo es don Valeriano y cuál es su carácter?

9. ¿Cuáles son los proyectos de los concejales jóvenes, y por qué los ricos no los quieren admitir?

7

Cuando la gente comenzaba a olvidarse de don Valeriano
y don Gumersindo, éstos volvieron de pronto a la aldea.
Parecían seguros de sí.

Un día la guardia civil de la aldea se marchó. Los
concejales sentían alguna amenaza en el aire.

Llegó a la aldea un grupo de señoritos armados de *pistolas*.

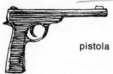

pistola

Nunca habían visto en la aldea gente con tan poca
vergüenza. Lo primero que hicieron fue dar de palos al
zapatero. Luego mataron a seis campesinos – entre ellos
cuatro de los que vivían en las cuevas – y dejaron los
cuerpos a la orilla de la carretera, entre el pueblo y el
carasol. Nadie preguntaba. Nadie comprendía. No había
guardias civiles que impidieran todo aquello.

Mosén Millán protestó ante don Valeriano – al que los
señoritos habían hecho alcalde – de que hubiesen matado
a los seis campesinos sin darles tiempo para confesarse.
El cura se pasaba el día y parte de la noche rezando.

El pueblo estaba asustado y nadie sabía qué hacer.
La Jerónima en el carasol insultaba a los señoritos y
pedía para ellos terribles castigos. Paco había desapare-
cido y lo buscaban. El zapatero apareció muerto en el
camino del carasol, asesinado.

Nadie sabía cuándo mataban a la gente. Es decir, lo
sabían, pero nadie lo veía. Lo hacían por la noche y
durante el día el pueblo parecía en calma. Entre la aldea

y el carasol habían aparecido abandonados cuatro *cadá-*
*veres* más, los cuatro de concejales.

Muchos de los habitantes estaban fuera de la aldea
*segando*. Sus mujeres seguían yendo al carasol y repetían
los nombres de los que iban cayendo. A veces rezaban.

Alguien dijo que al zapatero lo habían matado porque
era *agente* de Rusia.

Nadie sabía qué era la Rusia y todas pensaban en la
*yegua* roja de la *tahona* a la que llamaban así. Pero
aquello no tenía sentido. Tampoco lo tenía nada de lo
que pasaba en el pueblo. La Jerónima había oído decir
que aquellos señoritos iban a matar a todos los que estaban
en contra del rey.

Desde la sacristía, Mosén Millán recordaba la enorme
confusión de aquellos días y se sentía confuso y lleno de
tristeza. Pensaba el cura en Paco. Su padre estaba en
aquellos días en casa. No se atrevían a hacer nada contra
él esperando coger al hijo.

Sólo el padre de Paco sabía dónde su hijo estaba.

Mosén Millán fue a su casa.

– Lo que está sucediendo en el pueblo – dijo – es horrible.

El padre de Paco lo escuchaba sin responder, un poco
pálido. El cura siguió hablando. Vio ir y venir a la joven
esposa como una sombra, sin reír ni llorar. Nadie lloraba
y nadie reía en el pueblo. Mosén Millán pensaba que sin
risa y sin lágrimas la vida podía ser horrible.

---

*cadáver*, cuerpo muerto.
*segar*, cortar el trigo o la hierba para recogerlos.
*agente*, persona que hace algo pagada por otra y en favor de ella.
*yegua*, animal, femenino del caballo.
*tahona*, casa en la que se cuece (cocer) pan y se vende al público. ·

Mosén Millán dio la impresión de que sabía dónde estaba escondido Paco. Dando a entender que lo sabía, el padre y la esposa tenían que agradecerle su silencio. No dijo el cura que lo supiera, pero lo dejó entender. El padre de Paco miró al cura pensando: «Si lo sabe y no ha dicho nada es un hombre honrado».

A lo largo de la conversación el padre de Paco *reveló* el lugar dónde su hijo estaba escondido. Al oírlo, Mosén Millán se dijo: «Más valdría que no me lo hubiera dicho. ¿Porqué he de saber yo que Paco está escondido en las

---

*revelar*, descubrir lo que está secreto, oculto o es desconocido.

gafas

Pardinas?» Mosén Millán tenía miedo y no sabía de qué. Se marchó pronto y estaba deseando verse ante los señoritos de las pistolas para demostrarse a sí mismo su *entereza* y que era fiel a Paco. Así fue. En vano estuvieron el jefe y sus amigos hablando con él toda la tarde. Aquella noche Mosén Millán rezó y durmió en una calma que hacía tiempo no conocía.

Al día siguiente hubo una reunión en el Ayuntamiento y los señoritos de fuera hicieron discursos. Luego quemaron la bandera tricolor. El jefe era un hombre con cara bondadosa y *gafas* oscuras.

Era difícil imaginar a aquel hombre matando a nadie. Los campesinos creían que aquellos hombres que daban voces estaban locos, pero viendo a Mosén Millán y a don Valeriano sentados en lugares de honor, no sabían qué pensar. Además de matar a la gente, lo único que aquellos hombres habían hecho en el pueblo era devolver los montes al duque.

Buscaban a Paco. Habían llevado a su casa perros de caza.

Un día don Valeriano estaba en casa de Mosén Millán. Hablaban. El jefe de la cara bondadosa y las gafas oscuras llegó en aquel momento con dos más y dijo:

– Estamos limpiando el pueblo, y el que no está con nosotros está en contra.

Mosén Millán hablaba de algunos hombres honrados

---

*entereza*, valentía, ánimo.

que habían sido asesinados, y de que era necesario terminar con aquella locura.

– Diga usted la verdad – dijo el jefe sacando la pistola y poniéndola sobre la mesa –. Usted sabe dónde se esconde Paco el del Molino.

Quizá de su respuesta dependiera la vida de Paco. Lo quería mucho, pero sus afectos no eran por el hombre en sí mismo, sino por Dios. Era el suyo un cariño por encima de la muerte y la vida. Y no podía mentir.

– ¿Sabe usted dónde se esconde? – le preguntaban los cuatro a la vez.

Mosén Millán contestó bajando la cabeza. Era una afirmación. Cuando se dio cuenta era tarde. Entonces pidió que le prometieran que no lo matarían. Podrían juzgarlo, y, si era culpable de algo, *encarcelarlo*, pero no cometer un asesinato más. El jefe de la expresión bondadosa prometió. Entonces Mosén Millán reveló dónde se escondía Paco. Salieron *en tropel* y el cura se quedó solo. Espantado de sí mismo, y al mismo tiempo con un *sentimiento de liberación*, se puso a rezar.

Media hora después llegaba el señor Cástulo diciendo que el carasol se había acabado porque los señoritos de la ciudad habían disparado la *ametralladora* y algunas

ametralladora

---

*encarcelar*, meter en la cárcel, prisión.
*en tropel*, deprisa y sin orden; de prisa.
*sentimiento de liberación*, sentimiento de estar o sentirse libre.

mujeres cayeron y las otras salieron gritando. Entre las que se salvaron estaba la Jerónima.

El cura, viendo reír a Cástulo, estaba pálido. Y, sin embargo, aquel hombre, tal vez, no había revelado dónde se escondía alguien. Cástulo seguía hablando y decía que había once o doce mujeres heridas, además de las que habían muerto en el mismo carasol. Como el médico estaba en la cárcel no era fácil que se curaran todas.

Al día siguiente, el jefe de la cara bondadosa volvió sin Paco. Estaba lleno de ira. Dijo que al entrar en las Pardinas, Paco los había recibido a *tiros* y que acercarse a las Pardinas era un gran peligro.

Pedía al cura que fuera a hablar con Paco. Un año después Mosén Millán recordaba todo aquello como si lo hubiera vivido el día anterior. Viendo entrar en la sacristía al señor Cástulo – el que un año antes se reía de los crímenes del carasol – volvió a cerrar los ojos y a decirse a sí mismo: «Yo dije dónde se escondía Paco. Yo fui a hablar con él. Y ahora . . .». Abrió los ojos y vio a los tres hombres sentados enfrente. Las tres caras miraban a Mosén Millán. Las campanas de la torre dejaron de tocar con tres golpes finales graves y espaciados. El señor Cástulo dijo:

– Yo querría pagar la misa, Mosén Millán.

El cura negó y pidió al monaguillo que saliera a ver si había gente. El chico salió, como siempre, con el romance en su recuerdo:

En las *zarzas* del camino

---

*tiro*, disparo de un arma.
*zarza*, planta cuyas ramas tienen picos fuertes.

66

el pañuelo se ha dejado,
las aves pasan de prisa,
las nubes pasan despacio . . .

Cerró una vez más Mosén Millán los ojos. Aunque
había terminado los rezos, fingía seguir con ellos para que
lo dejaran en paz. Don Valeriano y don Gumersindo
explicaban a Cástulo al mismo tiempo que también ellos
habían querido pagar la misa. El monaguillo volvía sin
poder decir a un tiempo todas las noticias que traía:

– Hay una mula en la iglesia – dijo, por fin.
– ¿Cómo?

– Ninguna persona, pero una mula ha entrado por alguna parte y anda entre los bancos.

Salieron los tres y volvieron para decir que no era una mula, sino el potro de Paco el del Molino, que solía andar suelto por el pueblo. Todo el mundo sabía que el padre de Paco estaba enfermo y las mujeres de la casa medio locas. Los animales y la poca hacienda que les quedaba, abandonados.

– ¿Dejaste abierta la puerta cuando saliste? – preguntaba el cura al monaguillo.

Los tres hombres aseguraban que las puertas estaban cerradas. Don Valeriano dijo:

– Esto está hecho con mala idea.

Se pusieron a pensar quién podía haber metido el potro en la iglesia. Cástulo hablaba de la Jerónima. Mosén Millán pidió que sacaran el animal de allí. Salieron los tres con el monaguillo. El potro corría por la iglesia a su gusto. Formaron una ancha fila y fueron hacia el potro con los brazos extendidos. Don Valeriano decía que aquello era terrible. En la verja de la capilla del Cristo un diablo de hierro parecía reírse. San Juan desde su altar levantaba un dedo y mostraba una rodilla desnuda y femenina. Don Valeriano y Cástulo hablaban a voces como si estuvieran en un *establo*.

Las mujeres del carasol, si el carasol existiera, tendrían un buen motivo de conversación.

El señor Cástulo tuvo una idea feliz:

– Abran la puerta como se hace para las procesiones. Así verá el animal que tiene la salida libre.

---

*establo*, lugar cubierto donde se guarda a los animales.

Cuando las grandes puertas estuvieron abiertas, el potro miró extrañado tanta luz. Se veía la plaza de la aldea, desierta, con una casa pintada de amarillo.

El monaguillo llamaba al potro en la dirección de la salida. Por fin, convencido el animal de que aquel no era su sitio, se marchó.

Cerraron las puertas y el templo volvió a quedar en sombras.

Don Valeriano, don Gumersindo y el señor Cástulo fueron a sentarse en el primer banco.

El monaguillo fue a la sacristía y dijo:

– Ya se ha marchado, Mosén Millán.

El cura seguía con sus recuerdos de un año antes. Los señoritos de las pistolas obligaron a Mosén Millán a ir con ellos a las Pardinas. Una vez allí dejaron que el cura se acercara solo.

– Paco – gritó con cierto temor –. Soy yo. ¿No ves que soy yo?

Nadie contestaba. Mosén Millán volvió a gritar:

– Paco, no seas loco, es mejor que te entregues.

De la ventana salió una voz:

– Muerto, me entregaré. Apártese y que vengan los otros, si se atreven.

Mosén Millán decía:

– Paco, en el nombre de lo que más quieras, de tu mujer, de tu madre. Entrégate.

No contestaba nadie. Por fin se oyó otra vez la voz de Paco:

– ¿Dónde están mis padres? ¿Y mi mujer?

– ¿Dónde quieres que estén? En casa.

– ¿No les ha pasado nada?

– No, pero si tú sigues así, ¿quién sabe lo que puede pasar?

A estas palabras del cura siguió un largo silencio. Mosén Millán llamaba a Paco por su nombre, pero nadie respondía. Por fin Paco dijo:

– Contésteme a lo que le pregunte, Mosén Millán.

– Sí, hijo.

– ¿Maté ayer a alguno de los que venían a buscarme?

– No.

– ¿A ninguno? ¿Está seguro?

– A nadie. Yo he venido aquí con la condición de que no te harán nada. Es decir, te juzgarán y, si tienes culpa, irás a la cárcel. Pero nada más.

– ¿Está seguro?

El cura tardaba en contestar. Por fin dijo:

– Eso he pedido yo. Hijo, piensa en tu familia y en que no merecen pagar por ti.

Paco miraba alrededor, en silencio. Por fin dijo:

– Bien, me quedan cincuenta tiros. Dígales a los otros que se acerquen sin miedo, que me entregaré.

Se oyó la voz del jefe que decía:

– Que tire el arma por la ventana.

Obedeció Paco.

Momentos después lo habían sacado de las Pardinas. Lo llevaban al pueblo a golpes. Le habían atado las manos a la espalda. Lo encerraron en la cárcel.

# Preguntas

1. ¿Qué clase de gente son los «señoritos»?

2. ¿ Qué situación se crea en la aldea con la llegada de los «señoritos»?

3. ¿Quién cree usted que mató al zapatero y por qué?

4. ¿Por qué se esconde Paco y por qué le buscan?

5. ¿Está bien repartida la propiedad en esta aldea?

6. ¿Por qué revela Mosén Millán el lugar donde está escondido Paco?

7. ¿Qué consecuencias tuvo esta revelación?

8. ¿Qué piensa usted de la conversación entre Mosén Millán y Paco cuando éste está en las Pardinas?

9. ¿Qué hacen los «señoritos» en el carasol?

10. ¿Por qué no han ido los campesinos a la misa de réquiem?

8

confesonario

Aquella misma tarde los señoritos de la ciudad obligaron
a la gente a acudir a la plaza e hicieron discursos que nadie
entendió. Los mandaron a todos retirarse a sus casas y
no volver a salir hasta el día siguiente.

Cuando no quedaba nadie en la plaza, sacaron a Paco
y a otros dos campesinos de la cárcel y los llevaron al
*cementerio* a pie. Al llegar era casi de noche. Quedaba atrás
en la aldea un silencio lleno de temor. El jefe, al ponerlos
contra el muro recordó que no se habían confesado y
envió a buscar a Mosén Millán. Éste se extrañó al ver
que lo llevaban en el coche del señor Cástulo. No se había
atrevido Mosén Millán a preguntar nada. El coche pudo
avanzar hasta el lugar mismo en que iban a asesinar a
Paco y a los otros dos campesinos. Cuando vio a Paco no
sintió sorpresa alguna, sino una gran tristeza. Se confesaron
los tres. El mismo coche del señor Cástulo servía de
*confesonario* con la puerta abierta y el cura sentado dentro.
Cuando Mosén Millán decía «*ego te absolvo*», dos hombres arrancaban al que se había confesado y volvían a
llevarlo al muro.

---

*cementerio*, ver *camposanto*, página 9.
*ego te absolvo*, yo te absuelvo, te perdono tus culpas.

El último en confesarse fue Paco.

– En mala hora le veo a usted – dijo al cura con una voz que **Mosén** Millán no le había oído nunca –. Pero usted me conoce, Mosén Millán. Usted sabe quién soy.

– Sí, hijo.

– Usted me prometió que me juzgarían.

– Me han engañado a mí también. – ¿Qué puedo hacer? Piensa, hijo, en tu alma y olvida, si puedes, todo lo demás.

– ¿Por qué me matan? ¿Qué he hecho yo? Nosotros no hemos matado a nadie. Diga usted que yo no he hecho nada. Usted sabe que soy inocente, que somos inocentes los tres.

– Sí, hijo. Todos sois inocentes; pero, ¿qué puedo hacer yo?

– Si me matan por haberme defendido en las Pardinas, bien. Pero los otros dos no han hecho nada.

Paco repetía: «No han hecho nada y van a matarlos. No han hecho nada». Mosén Millán conmovido hasta las lágrimas decía:

– A veces, hijo mío, Dios permite que muera un inocente. Lo permitió de su propio Hijo, que era más inocente que vosotros tres.

Paco, al oír estas palabras, se quedó *mudo*. El cura tampoco hablaba. Lejos, en el pueblo, sonaba una campana. Desde hacía dos semanas no se oía sino aquella campana día y noche.

Paco dijo:

– Entonces, si es verdad que no tenemos salvación,

---

*mudo*, aquí: callado.

Mosén Millán, tengo mujer. Está esperando un hijo. ¿Qué será de ella? ¿Y de mis padres?

Hablaba con prisa y Mosén Millán le contestaba con la misma prisa, *entre dientes*. Mosén Millán hablaba *atropelladamente* de la voluntad de Dios y al final preguntó:

– ¿Te *arrepientes* de tus *pecados*?

Paco no lo entendía. Era la primera expresión del cura que no entendía. Cuando el sacerdote repitió por cuarta vez la pregunta, Paco respondió que sí con la cabeza. En aquel momento Mosén Millán alzó la mano y dijo: «Ego te absolvo» ... Al oír estas palabras dos hombres tomaron a Paco por los brazos y lo llevaron al muro donde estaban ya los otros. Paco gritó:

– ¿Por qué matan a estos otros? Ellos no han hecho nada.

Uno de ellos vivía en una cueva, como aquel a quien un día llevaron la unción. La *descarga* sonó. Los otros dos campesinos cayeron, pero Paco, cubierto de sangre, corrió hacia el coche.

– Mosén Millán usted me conoce – gritaba *enloquecido*. Quiso entrar, no podía. Todo lo manchaba de sangre. Mosén Millán callaba, con los ojos cerrados y rezaba. Se llevaron a Paco arrastrando. Iba repitiendo:

– Pregunten a Mosén Millán; él me conoce.

Se oyeron dos o tres tiros más. Luego siguió un silencio

---

*entre dientes*, bajo y sin que se entienda bien lo que se dice.
*atropelladamente*, con mucha prisa.
*arrepentirse*, tener pena por haber obrado mal.
*pecado*, culpa; hecho, deseo o pensamiento contra la ley de Dios.
*descarga*, disparo de varias armas de fuego a la vez.
*enloquecer*, volverse loco.

en el cual todavía *susurraba* Paco: «El me *denunció* ...,
Mosén Millán. Mosén Millán ...»

El cura seguía en el coche, con los ojos muy abiertos,
oyendo su nombre y sin poder rezar. Mosén Millán bajó y,
ayudado por el monaguillo, dio la extremaunción a los
tres. Después, un hombre le dio el reloj de Paco – regalo
de boda de su mujer – y un pañuelo de bolsillo.

Regresaron al pueblo. Mosén Millán miraba al cielo,
y envolvía el reloj en el pañuelo y lo conservaba cuida-
dosamente con las dos manos juntas. Seguía sin poder
rezar. Pasaron junto al carasol desierto. Cuando llegó a
su casa, Mosén Millán estuvo dos semanas sin salir sino
para la misa. El pueblo entero estaba callado. La Jerónima iba al carasol, ella sola, hablando para sí.
En el carasol daba voces cuando creía que no podían
oírla y otras veces callaba y se ponía a contar en las
rocas las *huellas* de las *balas*.

Un año había pasado desde todo aquello y parecía
un siglo.

Mosén Millán abrió los ojos y preguntó al monaguillo:

– ¿Dices que ya se ha marchado el potro?

– Sí, señor.

El monaguillo, apoyándose primero en un pie y luego
en otro recordaba el final del romance:

> ... y rindió el último suspiro
> al Señor de lo creado. – Amén.

En la sacristía estaban guardados el reloj y el pañuelo

---

*susurrar*, hablar bajo y sin prisa.
*denunciar*, revelar a la autoridad algo.
*huella*, señal.
*bala*, objeto que sale de un arma de fuego al dispararla.

de Paco. Mosén Millán no se había atrevido todavía a llevarlos a los padres y a la viuda de Paco.

Salió de la sacristía y comenzó la misa. En la iglesia no había nadie, con la excepción de don Valeriano, don Gumersindo y el señor Cástulo. Mosén Millán pensaba en Paco y se decía: es verdad. Yo lo bauticé, yo le di la unción. Al menos – Dios lo perdone – nació, vivió y murió dentro de la Santa Madre Iglesia. Creía oír su nombre en los labios de Paco, caído en tierra: «... Mosén Millán». Y pensaba *aterrado* y *enternecido* al mismo tiempo: «Ahora yo digo esta misa de réquiem por su alma, misa que sus enemigos quieren pagar».

*que representó Valeriano, gumersindo? el tiempo es cronológico? como se desarrolla en la novela?*

---

*aterrado*, lleno de miedo.
*enternecido*, conmovido.

# Preguntas

1. ¿Por qué asesinan a Paco y a los campesinos?

2. ¿Qué le preocupa a Paco sobre todo en los momentos en que sabe que le van a matar?

3. ¿Cuáles son los sentimientos del alma de Mosén Millán al volver al pueblo?

4. ¿Qué ha pasado con la familia de Paco?

5. ¿Cuánto tiempo ha transcurrido desde la muerte de Paco hasta el comienzo de la novela?

6. ¿Qué representan en la novela las familias ricas?

7. ¿Quién representa en el pueblo a la autoridad?

8. ¿Qué sucede en el alma del cura al terminar la novela?

9. ¿Cuál es la relación de Mosén Millán con las familias ricas? ¿Y con los campesinos? ¿Y con Paco? ¿Y con la familia de Paco? ¿Y con la gente que vive en las cuevas? ¿Y con el jefe que vino de la ciudad?